Episodes

DE

L'HISTOIRE DE DOLE

PAR

L. BILLARD

DOLE

TYPOGRAPHIE L. BERNIN

1897

ÉPISODES

DE

L'HISTOIRE DE DOLE

Episodes

DE

L'HISTOIRE DE DOLE

PAR

L. BILLARD

DOLE
TYPOGRAPHIE L. BERNIN
—
1897

BESANÇON
ET LE PARLEMENT DE DOLE

Le Parlement de Franche-Comté a eu ses historiens. Tout ce qui pourrait être dit après eux sur les origines, les fonctions, les attributions, l'autorité et la splendeur de cette Cour souveraine serait une pure répétition, sans attrait.

Cependant, dans l'espoir d'exciter quelque intérêt, même en parlant du Parlement de Dole, nous allons envisager cette Cour au point de vue seulement des convoitises que sa possession excita de la part des représentants de la « Cité impériale libre » de Besançon, pendant tout le long temps que cette assemblée siégea à Dole.

Des documents offrant un caractère certain d'authenticité permettent d'établir l'existence et la nature des démarches incessantes, sourdes ou déclarées, poursuivies par les Gouverneurs bisontins dans le but d'obtenir la translation du Parlement dans leur ville.

Ces documents se rapportent à différentes époques de notre histoire, mais principalement aux temps qui ont suivi les deux sièges de Dole de 1636 et de 1668.

De tout temps Dole avait possédé le titre et les prérogatives de capitale du Comté de Bourgogne. Cette ville était non seulement la résidence officielle, mais surtout le séjour favori de ses comtes, le rendez-vous préféré de ce qu'il y avait de considérable dans tous les ordres de la société franc-comtoise.

Aussi, lorsqu'il s'agit de l'institution du Parlement, de la fondation de l'Université et de la création d'une Chambre des Comptes, le siège de chacun de ces établissements fut tout naturellement fixé à Dole.

Le personnel nombreux et choisi composant ces Cours, ou qui s'y rattachait à un titre quelconque, attirait et fixait à Dole les hommes et les familles d'élite de la Province, et faisait de cette ville un séjour recherché.

C'était précisément là le motif principal de l'envie qui excitait les Bisontins.

Voici en quels termes, dans son *Dictionnaire géographique et historique de la Franche-Comté*, Rousset (1) donne l'explication et la mesure du respect et de l'influence que le Parlement de Dole avait su se

---

(1) Tome II, p. 556.

concilier parmi les populations de la Comté : « Recruté depuis deux siècles dans l'élite des classes roturières, placé au premier rang des dignitaires de la province, donnant l'exemple de l'intégrité et de toutes les vertus civiques, honoré par son patriotisme, son lustre, ses richesses, son orgueil même, le peuple l'aimait pour son esprit de résistance à l'ambition des gouverneurs militaires, pour son hostilité perpétuelle contre la noblesse, pour son zèle à maintenir les traditions nationales, à garantir la province de toute influence étrangère et à conserver intactes les libertés de l'Eglise et la religion. »

Si Dole tenait à la possession de son Parlement, les membres de cette Cour ne tenaient pas moins à leur ville. Ils y avaient leurs habitudes, leurs intérêts de famille et de fortune. Le personnel nombreux qui, dans cette même résidence, composait la Chambre des Comptes et l'Université leur avait rendu faciles et agréables des relations basées sur la communauté d'origine et la conformité des goûts et des besoins. Aussi, messieurs du Parlement n'étaient-ils nullement disposés à échanger leur séjour de Dole contre celui de Besançon ; cette dernière ville leur était à peu près inconnue ; elle vivait sous un autre régime et pour cette dernière raison encore de nouvelles relations leur eussent été difficiles à y nouer.

Le régime particulier sous lequel Besançon se trouvait placée était un obstacle sérieux à la réalisation des desseins de ses Gouverneurs. Bien qu'enclavée dans la Franche-Comté, elle avait cessé depuis le xie siècle d'en faire partie intégrante. Elle se gouvernait elle-même sous l'autorité du chef du Saint-Empire romain, et prenait le titre de « Cité impériale libre ». Elle n'avait d'attache avec le Gouvernement du Comté de Bourgogne qu'au moyen d'un traité par lequel le roi d'Espagne, dont les possessions l'entouraient de toutes parts, lui accordait simplement sa « protection et tuition » et lui assurait l'existence. Ce traité ne conférait au roi aucun droit sur la Cité impériale ; il était précaire, soumis à renouvellement, et pouvait par conséquent, faute d'entente, prendre fin à chaque échéance (1).

Il était donc de toute impossibilité pour le Comte souverain de Bourgogne, quel qu'il fût, de consentir au transfert du Parlement qui rendait la justice en son nom, dans une ville qui n'appartenait pas à son domaine. — En l'absence de tout autre motif, cette circonstance eût suffi et au delà pour justifier la résistance opposée par les Comtes aux sollicitations dont ils étaient l'objet.

Les représentants de Besançon cependant, dans

---

(1) En échange de cette protection, le traité stipulait de la part de Besançon au profit de S. M. C. « une redevance annuelle de cinq cents francs, monnaie de Bourgogne, payable entre les mains du Trésorier de Dole, le jour de la fête de la Purification Notre-Dame. » — Ce traité est du 6 septembre 1451, un autre du 6 juin 1504.

leur violent désir d'obtenir le Parlement, étaient allés, en 1407 (1), jusqu'à offrir au duc Jean-sans-Peur, comme contre-valeur, la souveraineté de leur ville. Le duc refusa et « le Parlement, qui était ambulatoire, dit Gollut, fut rapporté à Dole (1408) pour cause de la plus grande commodité et abondance de vivres, et fréquence du peuple, étant plus grande en ce quartier du païs que en autre ».

Lorsqu'en 1500 fut édifié à Dole le Palais (!!) destiné à abriter la Cour souveraine pendant ses séances, Besançon fit une nouvelle mais également vaine tentative.

Il en fut de même en 1574 (2), alors que la demande des Gouverneurs comprenait à la fois le Parlement et l'Université.

Le 26 mai 1579 (3), les Gouverneurs, les vingt-huit et les notables de Besançon conclurent avec les villes suisses de Fribourg et de Soleure un « pacte d'alliance, de civilège et de combourgeoisie ». Ce pacte porta un juste ombrage au roi d'Espagne qui vit là une atteinte portée aux droits et prérogatives que lui assurait le traité de protection.

Redoutant l'immixtion des Suisses dans les affaires de la Comté, et la possibilité de la part de leurs gens de guerre d'envahir le territoire franc-comtois, qu'ils

(1) Rousset, II, 556.
(2) Rousset, II, 556 et Pufféney, 157.
(3) Correspondance des Gouverneurs de Besançon.

étaient obligés de traverser pour se rendre à Besançon, le roi, au mois d'avril 1584 (1), dépêcha auprès de ses protégés, Messire François de Vergy, comte de Champlitte, gouverneur de Bourgogne ; le baron de la Villeneuve, chevalier ; et le sieur Boutechoux, Président du Parlement de Dole ; pour se plaindre des faits et gestes de « ceux » de Besançon et exiger d'eux la résolution du traité qu'ils avaient conclu avec les villes suisses, sans sa participation.

Dans le cours de leurs négociations, ces députés, qui connaissaient les visées de leurs contradicteurs, insinuèrent adroitement qu'en ne suivant pas leurs conseils, les représentants de Besançon s'aliéneraient l'esprit de celui qui les envoyait et rendraient ainsi d'autant plus impossible la translation du Parlement en leurs murs.

Les ambassadeurs du roi espéraient peut-être, en soulevant discrètement cette question, entendre se renouveler les propositions de 1407. Il n'en fut rien ; les Gouverneurs n'étaient plus disposés, comme alors, à faire litière de leurs libertés et de leur souveraineté. Certes, ils désiraient vivement avoir le Parlement, mais ils ne voulaient pas que, même dans ce but, il fût « attenté ni préjudicié aux droits du sacré Empire romain, non plus qu'aux libertés, privilèges et franchises, coutumes, droits et usances de leur cité ».

---

(1) Livre de correspondance des Gouverneurs de Besançon.

Ces réserves ne pouvaient s'allier avec les attributions et prérogatives d'une Cour souveraine.

Ils proposèrent néanmoins de mettre à la disposition de S. M. Catholique, sauf l'assentiment de l'Empereur, un certain espace enfermé dans leurs murs, qui, par fiction et « emprunt de territoire », serait considéré comme terre franc-comtoise et où pourrait être établie la Cour.

Cette proposition était inacceptable ; elle ne fut pas accueillie.

Dole conserva son Parlement.

Quarante ans plus tard (1626) (1), de nouvelles tentatives, faites par Besançon, reçurent une semblable solution négative.

Survint, en 1636, le mémorable siège de Dole.

On sait le rôle actif, important, que, pour la défense, accomplit le Parlement, soit comme corps partageant avec l'archevêque de Besançon, Ferdinand de Rye, le gouvernement de la ville, soit par chacun de ses membres en particulier.

Besançon s'offusqua du rôle prépondérant qu'avait joué sa voisine et des éloges publics et unanimes qu'elle avait mérités. Ses Gouverneurs envieux cherchèrent dès lors tous les moyens d'abaisser et de perdre cette rivale qui avait attiré sur elle, par son énergie, les sympathies de l'Europe étonnée. Ils ne

(1) Rousset, II, page 556.

manquèrent aucune occasion de se plaindre d'elle, et surtout de son Parlement, dans leurs correspondances avec l'Empereur, leur souverain; avec le roi d'Espagne, leur protecteur ; et avec l'archiduc Léopold-Guillaume, frère de l'Empereur, qu'ils voulaient se rendre propice.

Ils accumulèrent et dénaturèrent les faits les plus ordinaires, les commentant dans le sens le plus favorable au dessein dont ils poursuivaient avec opiniâtreté la réalisation, à savoir l'abaissement de Dole, et l'amoindrissement d'un Parlement qu'ils ne pouvaient posséder.

Dole connaissait ces intentions malveillantes ; aussi lorsque, quatre ans plus tard (1640), la Cour de Franche-Comté envoya son procureur général Brun pour la représenter à la diète de Ratisbonne, ce délégué reçut du Magistrat de Dole la mission expresse « d'apporter tous les empêchements au transport du Parlement à Besançon » au cas où cette question serait agitée (1).

Une lettre écrite par les Gouverneurs de la Cité libre le 6 décembre 1647 contient l'énumération et la relation des griefs relevés par eux jusqu'alors, contre le Parlement. Cette lettre était adressée « à très hault et très puissant Prince Monseigneur le sérénissime archiduc Léopold-Guillaume, Gouver-

(1) Feuvrier, *Notes historiques*, p. 92.

neur et Capitaine-Général des Pays-Bas et de Bourgougne ».

Cette énumération est précédée de considérations générales qui donnent la mesure des sentiments dont étaient animés les rédacteurs de ce document. A ce titre elles méritent d'être transcrites en leur entier. Les voici textuellement :

« Très hault et très puissant Prince. Ce n'est pas dez maintenant que le mauvais traittement que ceste Cité a receu en divers temps, tant du Parlement de Dole que d'aucuns du Comté de Bourgougne, aux occurrences auxquelles elle debvoit le plus attendre de satisfaction, nous a obligé d'en resservir le Roy et ses ministres. Et si dez quelques années noz plaintes et réclamations n'en ont pas esté réitérées, il ne fault pas que ce silence soit attribué au deffault des occasions qui n'ont esté que trop fréquantes, mais à nostre patience et à la considération que nous avons tousjours heu de la mauvaise suytte qu'elles pourroient prendre en la présente saison. C'est ce qui nous avoit encor faict résouldre de supercéder et attendre qu'une plus grande tranquilité donnast à noz ennemys moins d'occasion de profiter de noz dissentions, ou que le temps y apportât luy-mesme le remède qui se debvoit espérer de la prudance d'un corps si considérable qu'est led. Parlement. Mais comme nous avons recogneu que n'y l'un ni l'autre n'estoit favorable à nostre dessein et qu'au contraire et plus nous taschions à dissimuler et plus l'on s'efforçoit de nous abbaisser, et que nostre patience estoit prise pour pusillanimité et contribuoit mesme à nostre ruyne, nous avons esté contraincts de rompre le silance et nous addresser à V. A. S. comme à un Prince juste, équitable et clairvoyant, pour estre par lui pourveuz sur les véritables remonstrances que nous la supplions d'aggréer par la présente. Mais comme peut estre nos plaintes sembleroient mal fondées si V. A. S. n'estoit que légèrement informée des subjects qui les ont faict naistre, Elle nous permettra d'en reprendre les motifs d'un peu plus hault et la resservir plus particulièrement des rigeurs que dez quelques années ledit Parlement a exercées envers ceste Cité, nonobstant que, de sa part, elle aye contribué tout ce qui a dépendu de son pouvoir pour la conservation de la bonne intelligence qu'elle a tousjours désirée et recherchée avec la Province. Nous laisserons à part l'ancienne aversion que ceux dud. Parlement et de la ville de Dole ont heu et conservent encor à présent, pour ceste cité, laquelle ayant pour témoings tout autant qu'il y a d'hommes hors de passions dans la province, ne nous est pas une petite justification de noz ressentiments; laquelle aversion ne peut avoir autre prétexte ou fondement que l'advantage qu'a ceste cité pardessus led. Dole, qui n'est considérable en soy que par ses murailles, et par les personnes qualifiées qui composent lad.

Cour, ramassées de toute la Province et mesme de ceste cité, dont deux restent aujourd'huy de plus grand nombre, qui n'en sont pas les moindres ornements, ou sur l'appréhension qu'ils ont toujours heue que pour l'évidant proffit et utilité de tous ceux de lad. province, led. Parlement ne fut transféré dans lad. cité (Besançon) à cause de son site, comme il en a esté autrefois parlé fort avant (chose que nous n'avons néantmoings jamais recherchée) ou enfin sur quelque maligne influence qui cause ceste antipathie. Bref, c'est une hayne qui passe de père en fils et dont ils héritent aussi ordinairement que des successions de leurs pères. Nous nous arresterons seulement aux choses plus considérables et qui requièrent une particulière attention. »

Après cette astucieuse entrée en matière, les Gouverneurs passent au récit détaillé de chacun des motifs de plainte qu'ils élèvent contre le Parlement.

1° En 1629, disent-ils, la peste sévissait à Besançon ; la Cour de Dole, non contente d'avoir interdit tout commerce entre cette ville et le surplus de la Province, « établit un corps de garde sur toutes les avenues, pour empêcher les habitants de sortir, avec ordre d'arquebuser ceux qui tenteraient de forcer le passage ». Un peu plus tard, cependant, les Bisontins obtinrent qu'un marché leur fût ouvert dans un village voisin ; mais ils y furent, disent-ils, « traittez avec incommodité, cherté, rudesse et rigueur ». Cet état de choses dura cinq mois, le roi et la sérénissime infante Isabelle étant intervenus pour le faire cesser.

Il est certain qu'en l'occasion signalée, le Parlement usa de sévérité, toutefois des mesures de prudence et de préservation étaient absolument indispensables. La peste de Besançon présentait un caractère d'excessive malignité ; elle avait fait de tels ravages que, dans une lettre du 28 janvier 1642, les Gouverneurs avouent que « les douze années de peste et de guerre précédentes ont réduit le nombre des habitants de leur ville au dixième de la population d'auparavant ». Neuf dixièmes de leurs concitoyens avaient donc disparu.

2° Le second grief a pour objet les monnaies frappées à Besançon en vertu du droit « octroyé à cette ville par l'invincible Empereur Charles cinquième, de glorieuse mémoire, et devant avoir cours en Comté ». Sous prétexte d'un manque de poids qui ne peut être attribué qu'à « l'usure » et non à autre cause, disent les Gouverneurs, « on a passé au décry de toutes les monnayes de cette cité dans la Comté, avec des conséquences d'intérêt si grandes que l'honneur et la réputation sont atteints ». L'intervention de l'Infante fut requise, mais « les patagons et autres grosses espèces » continuèrent à ne plus avoir cours en Comté (1).

(1) L'intervention du Parlement avait eu sa raison d'être, au moins pour

3° Un troisième grief est tiré des frais considérables qu'entraînent les procès que « ceux de Besançon » ont à soutenir en Bourgogne « et qui, chasque année, tirent à plus de cinquante mille francs, pour déplacement, etc. » tandis qu'autrefois était établi à « Chastillon, à une heure de chemin de Besançon » un juge qui connaissait de toutes les causes entre les citoyens de la cité et ceux du Comté de Bourgogne. C'était plus prompt et moins coûteux. Ils réclament le rétablissement de cette justice (1).

4° Une quatrième et grave cause de réclamations et de plainte est le retranchement de « l'ordinaire du sel » dont Besançon avait toujours été gratifiée pour une certaine quantité de charges « au prix de quatre francs pour chacune d'icelles charges », c'est à dire au même taux que les villes, bourgs et villages de la Province soumis à la monarchie espagnole. Depuis 1636, le Parlement refusait de laisser livrer ce sel à Besançon au prix ancien, « sinon avec surhaussement de quatre gros, par chacun salé, nécessaire pour la conservation de la province et des saulneries ».

C'est à propos de ce « surhaussement » contre le-

---

partie, puisque certaines pièces qu'il avait signalées comme défectueuses furent exclues de la circulation comtoise, malgré la haute médiation de l'Infante.

(1) Cette justice exceptionnelle présentait sans doute des dangers ou tout au moins des inconvénients puisqu'elle a été supprimée par l'autorité même qui l'avait établie. — Pourquoi rendre le Parlement seul responsable de cette suppression ?

quel ils s'élèvent en termes vifs, violents même, que les Gouverneurs rappellent ce qu'ils ont fait dans l'intérêt du Comté de Bourgogne pendant la dernière guerre : les passages de troupes par leur ville, l'envoi au secours de Dole de soldats et de canons (1).

Ils terminent ce quatrième sujet de plainte par l'aveu qu'ils sont « chargez et accablez de debte jusqu'à la somme de cent mille escuz, ayant mesme été contraincts récemment par les instantes poursuites du Parlement (qui menaçait au moins couvertement) de faire annotation de leurs biens ».

A cet égard, il nous semble que les Franc-Comtois, sujets du roi d'Espagne, méritaient bien d'obtenir le privilège de franchise que réclament les Gouverneurs, préférablement à ceux de Besançon, sujets du Saint-Empire romain. Au surplus le Parlement était intervenu avec succès à un certain moment auprès de S. M. C. pour obtenir la remise au profit de Besançon du « surhaussement de l'impôt sur le sel ». Cela résulte d'une lettre du 30 octobre 1642, qui en témoigne de la reconnaissance.

5° Le cinquième grief est basé sur ce que le Parlement a « interdit une gabelle établie par les Gouverneurs sur l'entrée et sortie des marchandises » (2).

6° Un sixième motif de plainte est la restriction

---

(1) Cet incident fait l'objet d'une notice spéciale ayant pour titre : *Les canons de Besançon, épisode du siège de Dole en 1636.* V. ci-après.

(2) Le droit du Parlement n'est pas méconnu ; les motifs de l'interdiction ne sont pas énoncés.

apportée par le Parlement à la juridiction des Gouverneurs, l'immixtion de la Cour dans les affaires et règlements de leur ville (1).

7° Un septième reproche s'applique au traitement infligé à un des membres du gouvernement de Besançon, le s^r d'Orchamps, à l'occasion de la querelle relative à la création du collège de Granvelle (2).

La lettre dont le résumé précède et qui n'a pas moins de quatorze pages, sur papier de grand format, termine par invoquer la puissante protection de son destinataire.

On le voit, si la Cité de Besançon croyait avoir à se plaindre des procédés usités envers elle par Dole et son Parlement, de son côté elle traitait ses voisins d'une façon qui n'était pas faite pour mériter les égards et les bonnes dispositions de ceux-ci qu'en haut lieu elle appelait « ses ennemys ». Rien d'étonnant dès lors qu'en échange de ces procédés le Parlement, qui absorbait en lui le gouvernement de la ville où il siégeait, usât de peu de ménagements. Besançon, d'ailleurs, ville libre, fière de ses libertés et franchises, soumise à un prince dont les intérêts étaient le plus souvent en opposition avec ceux du

(1) Ne serait-ce pas plutôt les Gouverneurs qui auraient voulu empiéter sur les droits du Parlement ? Leurs habitudes de s'arroger tous les droits et leur mépris des droits des autres justifieraient cette opinion.

(2) Le fait reproché est consigné tout au long dans une notice publiée récemment par M. J. Feuvrier, bibliothécaire de Dole, dans ses *Notes historiques*. V. cette notice, p. 94.

roi, eût voulu, par une étrange aberration, que les droits que lui assurait un simple traité, dont elle recueillait tout le profit, fussent plus étendus que ceux qui appartenaient tout naturellement aux sujets directs du roi.

En outre, le dénigrement de la valeur déployée en 1636 par les Dolois et par le Parlement et ses membres, alors que les libertés et même la nationalité de la Province entière se jouaient sous leurs remparts, est souverainement injuste. Moins qu'aucune autre ville de la Comté, Besançon n'eut à se prévaloir du secours fourni alors à Dole, puisque son assistance ne se produisit qu'au moment où le prince de Condé levait le siège, et que dès lors ses troupes, non plus que ses canons, n'eurent pas à intervenir.

Les Gouverneurs attribuaient, avec juste raison, à ce qu'ils appelaient « la hayne des Dolois » son véritable motif lorsque dans leur lettre à l'archiduc ils insinuaient que cette haine pouvait provenir « de l'appréhension qu'ils (les Dolois) ont toujours heue que leur parlement ne fut transféré à Besançon ».

Les Dolois savaient en effet que depuis longtemps et malgré les affirmations contraires, des démarches avaient été faites par Besançon en ce sens.

Les sentiments d'envie, d'une part, d'appréhension, de l'autre, avaient créé entre les deux villes une situation qui n'était pas exempte d'aigreur.

Besançon, il est bon de le remarquer, ne se plaignait de ses voisins qu'auprès des personnages officiels qui, dans la lutte entreprise, pouvaient lui être utiles. Les rares observations adressées directement au Parlement, lorsqu'il arrivait aux Gouverneurs d'avoir à en formuler, étaient mises par eux sur le compte de « l'amour du bien public de la Cité dont ils avaient la charge ». Ils savaient les entourer de périphrases qui atténuaient l'effet de leurs critiques et ménageaient les susceptibilités que des reproches mal contenus eussent froissées.

Leurs correspondances avec le Parlement portaient toujours cette suscription : « A trez honorés sieurs, Messieurs les Président et gens tenans la Cour de Parlement, à Dole. » Elles terminaient invariablement par cette autre formule : « Prions Dieu qu'il vous donne, trez honorés sieurs, en santés, longues et heureuses vies. Les Gouverneurs de la Cité impériale libre de Besançon, bien votres. »

L'importance de la lettre du 6 décembre 1647 nous a obligé d'allonger peut-être outre mesure son appréciation. Il est temps de reprendre le cours du récit des démarches et tentatives qui nous occupent.

Cette lettre, ou mieux cet acte d'accusation, fut suivi, le douze du même mois, d'une supplique à l'Empereur, formulée en latin comme l'étaient toutes celles adressées à S. M. Imp. Cette pièce contenait l'énonciation de plaintes dirigées contre Dole et sa

Cour, toutes deux confondues dans une même et égale inimitié. Il y était joint une copie de la lettre qui avait été adressée à l'archiduc.

Ces plaintes soulagèrent pour quelque temps l'esprit inquiet des Gouverneurs, mais ne produisirent aucun des effets espérés.

Huit ans plus tard, en 1655 (1), « ceux de Besançon » résolurent de tenter un suprême effort. Enchérissant sur leurs offres précédentes, ils offrirent au roi d'Espagne leur arsenal qui était considérable et d'une valeur d'un million. Ils y joignaient une forte somme d'argent, l'abandon de l'autorité qu'exerçaient les Gouverneurs, et enfin l'engagement de faire l'acquisition du Palais Granvelle pour y installer la Cour. Par l'importance du sacrifice auquel ils offraient de se soumettre, les représentants de Besançon espéraient séduire le roi d'Espagne et en même temps se rendre favorables les membres du Parlement eux-mêmes, par ce témoignage du haut prix qu'ils attachaient au fait de leur résidence à Besançon.

Philippe IV répondit à cette offre alléchante par un décret du 20 mars 1656, qui confirmait le siège du Parlement à Dole.

En 1664, un échange de territoire intervint entre le roi d'Espagne et l'Empereur. Besançon, enclavé

---

(1) Rousset, 11, p. 556.

dans la Comté, passa sous la domination espagnole en échange de Frankendal, ville des bords du Rhin qui fut incorporée au domaine de l'Empire.

Les nouveaux sujets de S. M. Catholique pensèrent que le moment était des plus opportuns pour le renouvellement de leur réclamation. Profitant des conditions présentes, ils prirent le ton de l'exigence, et mirent à leur soumission la condition que leur ville deviendrait la capitale du Comté et le siège du Parlement.

Hélas! ce fut pour eux l'occasion d'un nouvel échec. Le roi passa outre à leurs prétentions, l'incorporation se fit sans leur consentement et sans conditions, et on imposa à Besançon une garnison espagnole.

Lorsqu'en 1668, Louis XIV résolut de s'emparer de la Franche-Comté, le grand Condé, qui avait le commandement de l'armée envahissante, ne voulut pas commencer l'attaque de la Province par un nouveau siège de Dole, de cette ville devant laquelle son père avait piteusement échoué en 1636; il décida d'aller d'abord camper sous Besançon. Il arriva devant cette ville le 6 février. Connaissant l'existence des démarches réitérées faites autrefois par ses habitants pour obtenir le Parlement, il leur fit la promesse, au cas où ils se rendraient au roi de France, de transférer en leurs murs le siège de la Cour souveraine de Franche-Comté (1). Sur la foi de

(1) Puffeney, p. 210.

cette promesse, Besançon ouvrit ses portes le lendemain, 7 février.

Le temps, ou bien plutôt l'intérêt, avait apporté une singulière et complète modification dans l'opinion des Bisontins à l'égard des Français. En 1642, leurs Gouverneurs écrivaient que « la nation française leur est odieuse autant qu'une nation peut l'être à une autre ». Ils avaient, en cette même année, refusé de recevoir un religieux, par le seul motif qu'il était Français. Ils furent sur le point de le renvoyer « à raison du soupçon qu'on a, à Besançon, contre même les plus religieux de cette nation ». Et cependant, sur une simple promesse conforme à leurs désirs, sans autre garantie, ils font taire leurs scrupules et leur sentiment national et ouvrent leurs portes au représentant du roi de cette France qui leur était si odieuse naguère.

Louis XIV se présenta en personne devant Dole le 10 février ; l'attaque eut lieu dans la nuit du 11 au 12. Le 14 fut signée la capitulation. Le roi de France y stipula que « Dole restera la capitale de la Franche-Comté ; qu'on y laissera le Parlement, la Chambre des Comptes, l'Université et le Collège ».

Besançon voyait ainsi s'évanouir les espérances qu'elle avait conçues et reconnaissait que la promesse sous laquelle elle avait ouvert ses portes était un leurre.

Elle ne perdit pas courage néanmoins. Aussitôt

que Louis XIV fut rentré à Versailles, les Gouverneurs députèrent deux des leurs : F. Belin et J.-Ant. Tinseau, pour soutenir devant le roi la cause de leur Cité et réclamer l'exécution des promesses faites en son nom par Condé.

Dès le 29 mars, ces « députés en Cour », comme ils se qualifiaient, écrivirent : « Nous avons eut de fort belles paroles..... M. le marquis de Louvois nous dit, mardy à soir, que nous aurions audience du Roy le jour suivant..... Estant présenté au Roy où Mgr le Dauphin était présent, par une petite harangue nous lui offrîmes notre lettre avec le serment d'hommage et de fidélité et le suppliant de prendre égard favorable à nos remontrances contenues dans un cahier que nous luy présentâmes pour ne le point importuner. »

Ils ajoutent qu'en même temps qu'eux prirent audience du roi, Messieurs du Parlement de Dijon « qui ont assurément la pensée de faire incorporer le Parlement de Dole au leur ».

Enfin, ils expriment l'opinion qu'il n'y a pas grand'chose à faire, ni à espérer, car « il n'y a pas cour au monde où il soit plus difficile d'agir et de négotier ».

Une lettre du 6 avril suivant, adressée par les mêmes à « Messieurs de la *Cité Royale* de Besançon », nous apprend que M. de Louvois et le Sr du Frénoy, son premier commis, ont déclaré auxdits députés

« qu'il ne fallait pas parler pour le présent, du contenu aux remontrances. Nous avons avis, disent-ils, que le Magistrat de Dole a envoyé de grandes instructions à M. de Mesmay, pour montrer au Roy la perte et affliction de cette ville et demander que les corps qui y sont luy soient du moins laissés ; mais il n'a pas voulu s'en charger et il a renvoyé l'instruction au Sr de Marenches qui aura fort peu de temps pour bien négotier sur ce point, auquel nos instructions ne portent de nous embarrasser, oultre que nous croyons qu'à ce regard les choses tourneront d'elles-mesmes à notre advantage, moyennant un peu de temps et de patience et que toutes les instances de part et d'autre sont inutiles ».

Quatre jours plus tard, le 10 avril, nouvelle lettre disant :

« M. de Louvois nous a déclaré tranchément que l'on ne pourvoierait à rien du tout des affaires de notre cité et du Comté avant le retour du Roi de la campagne. Il en a dit de même à nos chanoines Jobelot et d'Orival qui ont été encore plus rebutés que nous, et aux députés du Parlement de Dole, des Estats et de la Chambre des Comptes.

» Il y a apparence que les ministres ne veuillent ouïr parler de nous qu'*après qu'ils seront assurés de ne nous pas rendre* et après avoir disposé de nous à leur plaisir.

» Toutes nos remontrances et pièces y jointes de

même que celles que l'on at données contre nous sont en mains du Sr Fresnoy, premier commis de M. de Louvois. »

Les lettres qui suivent parlent de l'inutilité, à ce moment, de démarches touchant la ville de Besançon ; on doit attendre ce que décidera à l'égard du Comté le traité de paix annoncé.

Les expressions plus haut reproduites prouvent que Louis XIV ne comptait guère sur la possession définitive de sa conquête ; il prévoyait la possibilité d'une restitution. Un traité de paix était imminent ; le roi voulait en attendre la conclusion avant d'apporter un changement quelconque à ce qui était établi dans le Comté ; ce changement eût pu lui aliéner les esprits dans une province sur laquelle il conservait, quoi qu'il dût arriver, des vues ultérieures.

Le traité prévu fut signé à Aix-la-Chapelle le 2 mai 1668. Il rendit en effet la Franche-Comté au roi d'Espagne. Dole resta en possession de son Parlement, de son Université et de sa Chambre des Comptes.

Le prince d'Aremberg, gouverneur du Comté pour S. M. Catholique, avait, dès son arrivée à Dole (août 1668), suspendu le Parlement et ouvert une enquête contre les membres de ce corps qui auraient, selon lui, forfait à la fidélité due au Souverain en ne s'étant défendus que trop mollement contre les armes du roi de France. Il remplaça le Parlement suspendu par une Chambre de justice.

Besançon estima que le moment était venu de renouveler ses instances et, vers la fin de 1671, elle obtint de devenir le siège, bien qu'à titre provisoire encore, de la Cour ou Chambre de justice récemment instituée.

Le 20 octobre 1673, Louis XIV déclara de nouveau la guerre à l'Espagne et envahit la Franche-Comté. Dole fut investie le 27 mai de l'année suivante (1674) et se rendit le 7 juin après une vigoureuse résistance.

Le vainqueur conserva à cette ville la Chambre des Comptes et l'Université. Il avait d'abord sursis à statuer à l'égard du Parlement, mais quelques jours plus tard (le 17 juin), il le rétablit à Dole.

Besançon, cependant, n'avait pas désarmé et disputait toujours à Dole sa Cour. Celle-ci fut en quelque sorte mise aux enchères, dit M. Puffeney dans son *Histoire de Dole*.

En présence de l'offre séduisante qui lui fut faite par les Bisontins, Louis XIV, revenant sur la parole donnée, rapporta son ordonnance du 17 juin 1674 et donna le Parlement au plus riche et dernier enchérisseur, pour le prix de cent mille écus que lui compta

Besançon, le 22 août 1676. Cette ville paya de même l'Université cinquante mille écus (mai 1691).

Dole ne put payer et ne put par conséquent conserver que la Cour des Comptes, au prix de quarante mille francs. Encore cette Cour fut-elle supprimée en 1771 et remplacée par un Bureau de finances qui, lui aussi, siégea à Besançon.

L'ancienne ville impériale libre, qui avait tout aussitôt après sa capitulation pris le titre de ville royale, touchait enfin au but que jusqu'alors elle avait vainement et longuement poursuivi ; elle était capitale de la Province, siège de ce Parlement qu'elle convoitait, même en le décriant, et de l'Université contre laquelle elle avait lutté longtemps.

L'importance que ceux de Besançon attachaient à ces titres était si considérable, qu'ils ne reculèrent pas devant le prix que le roi de France imposa à leur ambition. L'état précaire de leurs finances importait peu, il fallait à tout prix l'emporter. Cette difficulté de situation financière est dévoilée par toute la correspondance des Gouverneurs. Ils ne cessent de proclamer qu'ils sont accablés de dettes ; ils révèlent au roi d'Espagne que les réparations à leurs murailles, la construction de courtines, de bastions et de remparts leur ont coûté cinq cent mille francs ; ils avouent à l'Empereur que des emprunts négociés de différentes parts élèvent leurs dettes à plus de cent mille écus ; qu'ils sont en outre sous le poids de nombreuses réclamations de fournisseurs, auxquels ils ne peuvent donner satisfaction ; que dix mois de solde sont dus à leur garnison qu'ils vont être prochainement obligés de licencier ; qu'ils ont réclamé l'assistance de leurs concitoyens eux-mêmes dans le but d'arriver à mettre leurs murailles en état de défense ; qu'enfin et dans la même intention ils se sont trouvés réduits à créer de nouveaux impôts dont le recouvrement est très difficile et qui, disent-ils, sont leurs plus clairs revenus.

Et voilà que, quelques années après cet aveu de leur situation misérable, ils trouvent au fond de leur caisse une somme de cent mille écus d'une part et de cinquante mille d'autre part, à compter à Louis XIV.

Ainsi se termina en faveur de Besançon cette lutte sourde et pleine d'embuches qui durait depuis près de trois siècles.

La contrariété et le dépit que Dole ressentit, principalement de la perte de son Parlement, persista pendant de longues années ; à ce point que, plus de cent ans après les événements que nous venons de rappeler, la ville de Dole, consultée à propos de la division du territoire français en départements, répondit qu'elle accepterait toute situation qui ne donnerait pas à Besançon une sorte de suprématie sur elle, comme si, par exemple, Besançon devait être le chef-lieu d'un département qui comprendrait Dole.

Cependant, à l'époque de cette translation, le Parlement était bien déchu de son ancienne splendeur. Sous le régime de l'omnipotence de celui qui disait : « L'Etat, c'est moi ! » l'autorité d'un tel corps n'était plus que nominale.

Qu'il y avait loin du Parlement de 1676 à celui de 1636 !

Louis XIV, en le rétablissant à Dole le 17 juin 1674, l'avait déjà confiné dans les seuls pouvoirs judiciaires. Il n'était plus qu'une Chambre de justice. Il avait perdu son prestige et son pouvoir souverain.

Déjà aussi le second siège, celui de 1668, avait donné l'occasion de constater sa décadence graduelle. Les hommes qui le composaient en 1636 avaient disparu, sans laisser de successeurs dignes de ce titre, comme si l'énergie dépensée par ceux-là en cette circonstance mémorable, avait épuisé la somme de force morale dont était capable, pour le présent comme pour l'avenir, une institution de cette nature.

En terminant, nous empruntons à M. Feuvrier la juste appréciation de la situation d'alors : « Besançon devenait ainsi ville capitale non de la Franche-Comté glorieuse et libre, comme l'avait été Dole, mais de la Province qui, jusqu'à la Révolution, figura vaincue et chargée de chaînes sur l'arc de triomphe de la Porte-Saint-Martin. » (*Notes historiques*, page 108.)

Quant à Dole, vaincue et sacrifiée, elle n'entrevoyait plus rien que de sombre dans l'avenir; son présent était plein de tristesses; elle vivait du souvenir de son long et glorieux passé, semé de quelques jours de deuil. Le nouveau maître que le sort des armes avait donné à la Province, loin de tenir compte à sa capitale de son loyal dévouement à ses princes et des malheurs qu'avait attirés sur elle sa fidélité à la foi jurée, la traita en ennemie indigne; il la dépouilla, pour de l'argent, de ce qui avait été sa gloire et qui faisait encore son honneur.

LES CANONS DE BESANÇON

ÉPISODE DU SIÈGE DE DOLE EN 1636

Le cardinal de Richelieu, le tout-puissant ministre de Louis XIII, convoitait, pour son maître, la possession de la Franche-Comté qui appartenait alors à l'Espagne.

Après de nombreuses et infructueuses tentatives de subornation, après même quelques échecs diplomatiques, Richelieu se résolut à recourir aux armes.

Sous couleur de violation d'un traité de neutralité, il déclara la guerre à l'Espagne au mois de juin 1635. Les préparatifs de l'entrée en campagne furent assez longs et permirent aux villes et châteaux du Comté de compléter leur système de défense.

Dole y mit une grande activité ; les autres villes firent de même ; chacun songeant d'abord à sa situation personnelle.

On s'attendait en effet à être attaqué, mais on ignorait contre laquelle des trois villes, de Dole, de Besançon ou de Gray, commenceraient les hostilités.

Il y avait tout lieu de penser cependant que Dole serait l'objet des premiers coups. Cette ville était la capitale de la Province, le siège du Gouvernement, du Parlement, de l'Université et de la Chambre des Comptes; on pouvait croire, en France, que la prise de cette ville entraînerait la capitulation de toute la Province. On savait aussi que l'archevêque de Besançon qui, avec le Parlement de Dole, formait le conseil du Gouvernement, avait décidé de se rendre à ce poste périlleux. Le succès des armes françaises ferait de ce prélat un prisonnier d'élite dont Richelieu escomptait par avance la haute et riche rançon.

On apprit bientôt que la résolution d'attaquer Dole en premier lieu avait prévalu dans les conseils du roi de France.

Henri de Bourbon, prince de Condé, qui avait été nommé chef de cette expédition, rassemblait des troupes dans le duché de Bourgogne et ne cachait plus son plan d'entrée en campagne, certain — qu'il voulait paraître — d'un succès foudroyant.

Un corps de vingt mille hommes de pied et de huit mille chevaux était réuni sur la Saône, à deux lieues de Dole. Cette armée, formidable pour l'époque, pénétra en Franche-Comté, et l'investissement de Dole fut complet dans les derniers jours de mai 1636.

Après des vicissitudes sans nombre, durant lesquelles les assiégés eurent l'occasion de déployer presque à chaque jour leur courage et leur valeur, ceux-ci voyant le siège traîner en longueur, adressèrent par toute la Province des demandes de secours.

Les villes du Comté comprirent que leur sort dépendait de celui de la capitale, et qu'il était de l'intérêt général de fournir le secours sollicité. Salins, Poligny mirent chacune trois cents hommes à la disposition du duc de Lorraine entre les mains de qui se centralisaient les secours. Les autres moindres villes avaient de même fourni leurs contingents. Besançon, outre six cents hommes de pied, levés, armés et soudoyés à ses frais pour six semaines, avait prêté six pièces de campagne.

Gray, Salins et Lons-le-Saunier avaient fourni quelques autres pièces.

Cette armée de secours arriva devant Dole le 14 août 1636, au moment précis où l'on constatait que le prince de Condé, impuissant à réduire cette ville, en levait le siège, après avoir, pendant deux mois et demi, foudroyé la place de 19,000 coups de canon et de 600 bombes.

Les troupes du duc de Lorraine survinrent à point, sans avoir tiré un coup de mousquet, pour assister au *Te Deum* de la délivrance et prendre part à la joie de la libération.

Les six pièces de campagne qu'avait prêtées la cité impériale libre de Besançon pour venir au secours de Dole étaient accompagnées « de leurs affûts et attirails et de soixante livres de balles pour chacune ». La durée du prêt était de six semaines.

Les Gouverneurs de cette ville libre avaient eu soin d'exiger qu'il leur fût donné récépissé de la livraison de cette artillerie. Le marquis de Conflans, le conseiller de Champvans et le conseiller de Beauchemin qui, tous trois, avaient négocié ce prêt, signèrent l'écrit qui leur fut présenté.

Les canons avaient donc été introduits dans la ville de Dole après le siège. Besançon ne se hâta pas d'en faire la réclamation, n'ayant pas eu l'occasion ni la nécessité d'en faire usage.

Mais les courses des Français et des Suédois jusque sous leurs remparts, et la crainte sans cesse renouvelée d'une attaque prochaine, rappelèrent aux Gouverneurs bisontins l'existence sur les murs de Dole, de canons leur appartenant qui seraient utiles à leur défense personnelle.

Les événements qui s'accomplissaient au Nord-Est de la Province étaient bien de nature à justifier leurs craintes, aussi affirmaient-ils que jamais leur cité n'avait couru un aussi grand danger.

La situation, telle qu'elle nous est dévoilée par la correspondance des Gouverneurs, était celle-ci :

Dès le mois de février 1644, des troupes armées se massaient entre Montbéliard, Lure, Héricourt, Belfort, dans le but de faire des courses dans la Franche-Comté.

Les Suédois et les Français, sous les ordres de Turenne, du colonel Roze et du comte de la Suze, se jetèrent bientôt dans la province. Déjà Vesoul avait succombé et les ennemis s'y étaient fortifiés dans le Collège des Jésuites. « Après avoir exercé en icelle ville des cruautés et spoliations inouïes, avoir pillé, saccagé et brûlé la plupart des lieux où ils ont passé et tiré de grandes contributions, les ennemys, sous la direction du vicomte de Turenne » étaient venus assiéger Luxeuil qu'ils avaient prise également.

Pendant ce temps, le colonel Roze était arrivé devant « Baulme-les-Nonnes » avec le dessein de s'emparer non seulement de cette ville, mais aussi des « chasteaux qui l'environnent comme Chastillon-Guyotte, Roulans, Vaitte et autres ». Son corps d'armée, composé de huit cents chevaux et de cinq cents fantassins, était appuyé « de deux pièces de canon, l'une de vingt-huit libvres de basles et l'autre de douze ».

« Depuis la prise de Vesoul et de Baulme, disaient avec raison les Gouverneurs, il n'existe plus ni place, ni rivière, ni obstacle qui puissent empescher l'ennemy de venir mettre le siège devant Besançon. »

En quittant Baume, le colonel Roze avait envoyé 400 ou 500 chevaux dans la terre de Sancey, puis était revenu du côté de Clerval. Turenne avait laissé trois régiments pour occuper Vesoul et s'était emparé de Fougerolles, dont il avait fait pendre le commandant parce qu'il avait osé lui résister et l'avait ainsi contraint à se servir de son artillerie.

Besançon se considérait avec quelque apparence de raison comme devant être assiégé aussitôt que les neiges qui couvraient alors le sol auraient disparu.

Ce fut dans ces circonstances critiques que les Gouverneurs réclamèrent des secours d'abord à l'Empereur dont ils relevaient directement, puis au roi d'Espagne, souverain de la Franche-Comté, leur protecteur. Un traité intervenu entre S. M. Catholique et les représentants de Besançon obligeait ce monarque à accorder à leur ville son aide et sa protection, en échange d'une redevance annuelle de cinq cents francs « monnaye courante audit comté de Bourgogne, payable au trésorier de Dole, au jour et feste de la Purification de Notre-Dame, ou dans huit jours après ».

De plus, et pressés par la nécessité de compléter leur armement sous la menace évidente d'une attaque à brève échéance, « ceux de Besançon » écrivirent au Parlement de Dole le 21 avril 1644 la lettre suivante :

A très honorez sieurs, Messieurs les Président et gens tenans la Cour de Parlement, à Dole.

Très honorez sieurs. Il y a desja longtemps que nous vous avons faict instance pour la restitution des six pièces de canon que nous prestames il y a tantost huict ans aux sieurs marquis de Conflans et conseillers de Champvans et Bauchemin pour le secours de la ville de Dole, laquelle nous n'avons pas continuée avec presse, tandis que nous avons estimé nous en pouvoir passer. Mais à présent que les advis nous viennent de toute part du dessein que les ennemys ont de nous attaquer ceste campaigne, et que, pour en prévenir les mauvais succez, nous sommes contraincts de réparer les déffaults qui se rencontrent en nos fortifications et à dresser de nouvelles batteries qu'il conviendra munir d'artilleries dont nous n'avons pas suffisance ; c'est le subject qui nous a occasionné à vous envoyer cest exprès pour vous prier et requérir, comme nous faisons très instamment, de nous renvoyer promptement lesd. pièces de canon avec l'attirail et les basles qui furent aussi delivrées en nombre de soixante pour chacune, à évister que le travail que nous continuons avec tant de soing et de despense ne demeure inutile, à deffault d'icelles dont vous ne devez différer plus longtemps la restitution sans blesser la courtoisie et syncérité avec laquelle nous nous sommes portez en ceste occasion, et sans être cause des inconvénients qui nous pourraient arriver par ce manquement, dont vous mesmes en recepvriez un désadvantage notable. Nous attendrons donc les effects de notre équitable réquisition sans ultérieure remise et prierons Dieu qu'il vous donne,

Très honorez sieurs. En santé longues et heureuses vies. A Besançon, ce 21 avril 1644.
Les Gouverneurs, bien votres.

Le même jour, les mêmes Gouverneurs adressèrent à M. de Champvans, « premier de la Chambre des Comptes », fils de l'un des signataires du récépissé, une lettre dépourvue d'artifices de langage dont voici la teneur :

A Monsieur, Monsieur de Champvans, premier de la Chambre des Comptes, à Dole.

Monsieur. Ayant besoing des six pièces de canon que nous donnasmes en prest aux sieurs marquis de Conflans et conseillers de Champvans, votre père, et de Beauchemin il y a tantost huict ans, pour le secours de la ville de Dole, nous nous sommes résoluz d'en escripvre à la Cour par ce messager exprès pour en avoir restitution et par mesme voye vous en donner advis à ce que, par votre sollicitation et poursuitte vous nous procuriez la satisfaction que nous debvons attendre d'une demande si raisonnable. Vous n'ignorez pas que dans l'escript qui nous fust laissé pour assueurance desd. canons, led. feu sieur votre père y est obligé en son particulier et que partant nous avons droit de nous adresser à vous qui êtes son fils et seul héritier. Il nous fascheroit de vous tirer en poursuitte à ce regard, mais si la Cour ne pourvoye à notre prompte satisfaction, nous serons contraincts d'en venir là et lui debvrez attribuer et non à nous l'intérest que vous en recepvrez. Il nous semble qu'après huit ans de patience et plusieurs réquisitions faictes tant par lettres que de vive voix, nous sommes bien fondez à répéter une chose qui nous debvoit être restituée dans six semaines. Le peu de compte que l'on faict de nos instances en cest endroit nous rendra une autre fois plus advisez et plus circonspectz au choix des personnes à qui nous voudrons faire courtoisie, puisque nous avons esté si fort trompez en celles-cy. Vous adviserez, s'il vous plaist, à nous procurer ceste restitution dont nous attendons l'advis par ce porteur. Nous sommes au reste,

Monsieur, vos bien affectionnez à vous faire service.

A Besançon, le 21ᵐᵉ apvril 1644.

Les Gouverneurs.

Cette lettre était, principalement dans sa partie finale, conçue en termes peu conformes aux habitudes de courtoisie et d'exquise politesse que l'exercice de la diplomatie avait données à ses signataires.

Le Parlement, soit de son initiative propre, soit sur la prière ou à la considération du s^r de Champvans et du conseiller de Beauchemin, tous deux considérés comme responsables et à ce titre mis en cause par les Gouverneurs de Besançon (le marquis de Conflans avait été emporté par la peste en 1637), le Parlement, disons-nous, en référa à M. le baron de Scey, gouverneur des armées en Bourgogne, en le priant d'employer ses bons offices pour mener à bien cette affaire. Le baron accepta cette mission.

On ne cacha pas à ce négociateur qu'après un séjour de huit années sur les remparts de Dole, où ils avaient été exposés à tous les outrages des intempéries, comme aussi à la suite de quelques volées dirigées en 1640 sur l'armée française de Villeroi, dont les faucheurs dévastaient les récoltes jusque sous les murs de la ville, ces canons avaient subi des détériorations nombreuses ; que les affûts n'existaient plus ou presque plus ; que l'une des pièces était « esventée » et hors de service ; qu'une autre était « percée en deux endroits », que les « basles » avaient disparu ; que la demande de restauration de cette artillerie qui avait été faite en 1640 au marquis de Saint-Martin, gouverneur de la Comté, n'avait pas été accueillie ; le mieux, pensait-on, serait d'offrir à la cité de Besançon le paiement des six pièces ; celles intactes seraient alors conservées pour le service de la place de Dole.

Sans perdre de temps, le baron de Scey donna avis de sa mission aux représentants de Besançon ; il leur fit connaître l'état dans lequel se trouvaient les canons réclamés et leur transmit la proposition d'achat formulée par le Parlement.

Dès le 23 du même mois d'avril 1644, les Gouverneurs fournirent leur réponse au baron en lui faisant connaître leurs intentions et prétentions. Ils exigeaient la restitution immédiate et en nature des quatre pièces encore en état de servir, avec leurs attirails et balles, et réclamaient le paiement des deux autres hors de service, ainsi que de leurs attirails. A ce dernier égard, ils s'en rapportaient, pour la fixation du prix, aux connaissances spéciales du baron, tout en lui faisant connaître que des canons qui avaient été récemment coulés à Besançon leur avaient coûté plus d'un demi-patagon la livre. Quant au paiement des six pièces, ils ne pouvaient l'accepter, à raison du grand besoin qu'ils avaient de canons pour « garnir les batteries et postes qu'ils avaient fait dresser sur leurs murailles ».

L'entremise du baron de Scey produisit de bons résultats ; le Parlement décida de renvoyer, non seulement les quatre pièces qui étaient intactes, mais une cinquième, celle percée en deux endroits, qu'on avait fait entourer de bandages préservatifs en fer, du poids de quatre cents livres.

Le 1er mai 1644, ces cinq pièces arrivèrent à Besançon conduites par des charretiers sur de simples chariots ; les bandages y étaient joints, mais d'affûts ni de balles, point.

En donnant reçu de cet envoi, les Gouverneurs firent remarquer que le récépissé de 1636, signé par le marquis de Conflans, par le conseiller de Beauchemin et par le père du sieur de Champvans, constatait la réception de six pièces de canon « toutes bien conditionnées avec leurs affusts et des basles au nombre de soixante par chacune pièce ». — Ils demandaient donc que satisfaction leur fût donnée tant à l'égard de la pièce « esventée », qui était du poids de huit cents livres, que des affûts et balles.

Le Parlement reconnaissant le bien fondé de cette réclamation, promit d'y faire droit quand il lui serait justifié du chiffre de la somme qui serait déboursée pour remettre les choses en l'état.

Besançon se mit à l'œuvre, établit nouveaux affûts et attirails, et fit rédiger un mémoire de frais qui fut adressé au Parlement, avec réclamation de la somme avancée.

Le Parlement n'ayant pas répondu avec la célérité qu'il avait promis d'apporter au règlement définitif, ceux de Besançon en écrivirent le 16 novembre de la même année 1644 à M. de Champvans. Une copie de mémoire (dont on ne fait connaître ni le détail, ni le chiffre total) fut jointe à cette lettre. Cette pièce comprenait les frais avancés pour les réparations à cinq pièces et le prix de la sixième, outre les affûts et balles.

La lettre disait en substance que les trois signataires du récépissé de 1636 étaient obligés, avec la Cour de Dole, à la restitution des six pièces de canon et accessoires ; qu'en qualité de seul héritier de son père, le s^r de Champvans était tenu au paiement du mémoire ; qu'en conséquence il voulût bien se libérer le plus promptement que faire se pourrait.

Le Parlement ne répondit pas. Le s^r de Champvans fit de même. Pendant ce temps, un sieur Jean Richard, de Besançon, créancier de cette ville pour travaux exécutés dans son intérêt, réclamait avec insistance le paiement de ce qui lui était dû. Pour l'apaiser et gagner du temps, les Gouverneurs renvoyèrent le règlement de son mémoire à l'époque où la ville de Dole se libérerait elle-même envers eux. Il attendait, mais ne recevait rien.

Sur ses instances, une lettre adressée au Parlement expliqua de nouveau la situation que le retard apporté au paiement des canons créait à la cité de Besançon, tant vis-à-vis de Jean Richard qu'à l'égard d'autres créanciers non moins pressés et non moins pressants. Dans cette lettre, qui est du 3 septembre 1645, on suppliait la Cour de Dole de s'exécuter.

Quelques jours auparavant, le 30 août, les Gouverneurs s'étaient adressés à « damoiselle de Champvans » en l'absence de son mari, pour la prier « de faire en sorte qu'il soit pourveu au payement en conformité du mémoire à luy addressé, aultrement on serait contrainct de s'addresser aux biens que le sieur de Champvans, son mary, a rière la cité de Besançon, ce qu'on a différé jusques à présent sur l'espoir qu'il avait donné que l'on y pourvoyerait de jour à autre ».

Quatre mois plus tard, le créancier Jean Richard, encore impayé et à bout d'une patience que l'on mettait de part et d'autre à une si dure épreuve, prit le parti de venir lui-même à Dole pour réclamer du Parlement et des coobligés de celui-ci le paiement de la délégation qui lui avait été faite sur eux. Il y arriva le 10 décembre 1645, porteur d'une lettre qui devait lui servir d'introduction et dans laquelle les Gouverneurs priaient qu'on ne rendît pas inutile le voyage de leur créancier.

Hélas! après plusieurs démarches, Jean Richard rentra à Besançon sans avoir obtenu satisfaction.

A Dole, bien qu'en apparence on semblât peu empressé de satisfaire aux justes exigences de « ceux de Besançon », on n'était pas resté inactif néanmoins.

C'était au Parlement, c'est à dire au Gouvernement

de la Province que la réclamation avait été adressée par les Bisontins; mais ce Gouvernement n'était qu'une délégation du Pouvoir central directement intéressé, l'Espagne.

C'était Sa Majesté Catholique qui, seule, avait bénéficié des efforts faits par Dole pour repousser l'armée française. Cette ville avait accompli (et avec quel courage!) son devoir de sujet fidèle; elle avait, dans ce but, sacrifié des vies précieuses, consommé l'épuisement de son trésor particulier et subi la ruine de ses édifices, sans aucune compensation matérielle.

Ce n'était donc ni le Parlement, ni la ville de Dole, qui devaient acquitter le mémoire des Gouverneurs de Besançon; c'était Philippe IV d'Espagne.

Dans l'ivresse que lui causa la nouvelle de la levée d'un siège, qui ne lui avait coûté ni une pistole de son trésor, ni la vie d'un seul de ses sujets d'Espagne, ce roi efféminé avait fait les plus magnifiques promesses à ses fidèles Dolois.

Qu'advint-il de ce pompeux étalage de sentiments de gratitude? Un envoyé du roi se rendit à Dole, constata les désastres subis, renouvela les promesses de son maître, puis, après avoir de nouveau traversé les Pyrénées, oublia ses serments, comme les avait oubliés le roi lui-même au milieu de ses plaisirs.

Le Parlement négociait donc avec l'Espagne pour obtenir qu'elle se chargeât, tout au moins, d'acquitter le mémoire présenté par Besançon. Le Gouvernement de Philippe IV temporisait et cherchait à échapper à cette obligation.

Les semaines et les mois se succédaient sans apporter une solution.

De guerre lasse, l'affaire fut portée (par qui ? probablement par Besançon) à la Chambre des Comptes.

Devant cette juridiction, la Cour d'Espagne déclara faire sienne la cause du Parlement, reconnut qu'elle était personnellement tenue envers Besançon aux lieu et place de la Cour ou de la Ville de Dole qui, elles, devaient être déchargées de cette dette, mais, comme d'autre part Besançon devait à Sa Majesté Catholique une somme de cinq cents francs en vertu du traité de protection, le Roi imputait ce qu'il devait sur ce qui lui était dû et n'avait rien à payer.

Le rôle de la Chambre des Comptes se borna à l'enregistrement de cette sorte d'arrangement imposé par Philippe IV.

Mais cette solution bâtarde ne satisfaisait personne. Besançon, en effet, ne devait même pas recevoir un « patagon » sur sa créance; et cependant elle y comptait à ce point qu'elle l'avait donnée en gage à ses propres créanciers. D'autre part, Dole ne faisait que changer de créancier, puisque Philippe IV eut le triste courage de lui réclamer la somme qu'il avait prise à sa charge. Cette ville, toutefois, ne versa que deux cents francs; quant aux trois cents francs de surplus, le Sérénissime Infant, plus soucieux de l'honneur de la monarchie espagnole que le monarque lui-même, en fit la remise gracieuse.

Les Gouverneurs de Besançon conçurent une grande irritation de la largesse faite à Dole à leurs propres dépens et avec leurs deniers. Ayant eu occasion, un mois plus tard (20 janvier 1648), d'adresser une requête à la Chambre des Comptes, ils se plaignirent de la décision qu'elle avait récemment rendue et ajoutèrent : « Nous nous addresserons pour notre payement à ceux qui nous sont obligés à ce sujet. » Ils faisaient allusion aux signataires du récépissé de 1636, c'est à dire au marquis de Conflans, aux conseillers de Beauchemin et de Champvans.

Rien n'indique qu'ils mirent leurs menaces à exécution ; il est probable, au contraire, qu'ils reconnurent que la libération de leur débiteur déchargeait les cautions.

Les réclamations de la Cité impériale, en dehors de celles faites directement au Parlement, ne furent adressées, on l'a remarqué sans doute, qu'à l'héritier du conseiller de Champvans et non au conseiller de Beauchemin, qui vivait encore, puisqu'il ne mourut qu'en 1651, pas plus qu'aux héritiers du marquis de Conflans enlevé par la peste en 1637. L'explication ou la justification de cette préférence réside sans doute en cette circonstance que le sieur de Champvans avait « rière la cité de Besançon » des biens sur lesquels il était possible et facile pour les Gouverneurs de poursuivre le recouvrement de leur créance.

Ainsi se termina cette longue négociation à propos des canons de Besançon. Dans l'espoir d'une issue plus conforme à leurs désirs, les Gouverneurs de la cité avaient mis en mouvement l'empereur d'Allemagne, leur souverain; le roi d'Espagne, leur protecteur; l'archiduc Léopold-Guillaume, gouverneur des Pays-Bas et de Bourgogne; le baron de Scey, gouverneur des armées de Bourgogne; outre le Parlement, la Chambre des Comptes, les héritiers du sieur de Champvans, et jusqu'à leurs propres créanciers.

L'incident soulevé par les représentants de Besançon leur fournit l'occasion toujours recherchée par eux de se plaindre de Dole et de son Parlement, de les dénigrer, d'abaisser leurs mérites et de les qualifier dans leurs lettres officielles de « voysins ennemys ».

Voici l'appréciation qu'ils font de la valeur déployée par les Dolois de 1636, lors du siège qui excita l'admiration des assiégeants eux-mêmes : « Ce fameux et tant renommé siège de Dole dont l'heureux succez a si fort grossi le cœur aux habitants, comme s'ils n'estoient redebvables de ce bonheur qu'à leur seule valeur et conduitte, sans en rien attribuer à tant d'advantages qu'ils eurent d'ailleurs et surtout à la conduitte d'un sage, courageux et fidelle Prélat dont la présence et l'authorité servirent, à ce que chacun sçait; à la multitude des braves soldats qu'ils renfermèrent dans leur ville en autant de nombre qu'ils en jugèrent avoir besoing; à l'abondance des provisions qui y abordoient de toute part, qui ne leur manquèrent aussy point pendant un siège de trois mois; et à la grande quantité des deniers de toute la Province dont le Parlement avait l'entière disposition; ny à l'épaisseur et force de leurs murailles que dix mil coupts de canon ne purent esbranler. »

Selon eux, la seule présence de leur archevêque et l'abondance des provisions de toute nature avaient suffi pour sauver Dole, sans le concours, le courage et la vaillance de ses habitants.

En terminant, rappelons que, par une étrange coïncidence, le 4 juin 1674, lors du siège qui amena l'incorporation définitive de la Franche-Comté au royaume de France, des pièces de canon, au nombre de six (comme en 1636), furent envoyées de Besançon à Dole, sur la demande de Louis XIV, non plus, cette fois, pour défendre la ville, qui résistait, mais tout au contraire pour venir en aide à l'attaque.

A en juger par leur correspondance, les Gouverneurs de la cité de Besançon, de 1640 et au delà, étaient gens peu faciles, prédisposés, au contraire, à pousser jusqu'à l'extrême limite l'usage du pouvoir éphémère que leur attribuait une élection annuelle.

Jaloux de leur autorité, ils étaient en état de querelle continuelle avec ceux qui, dans leur ville même, exerçaient une juridiction ou un office quelconques.

Ils attaquaient sans cesse devant l'Empereur, devant le roi d'Espagne ou le Pape, les arrêts et décisions du Parlement, de l'archevêque, du chapitre, de l'officialité, etc. ; ils se brouillaient avec les vingt-huit, les chanoines, les établissements religieux ; plusieurs fois l'archevêque dut les menacer des censures de l'Eglise et même de l'excommunication.

Ils savaient d'ailleurs se ménager des influences. « Vous ferez bien, disaient-ils le 8 janvier 1644 au sieur Daniel Chevannay, leur député à la Cour, de nous envoyer une liste des qualitez des principaulx seigneurs de la Cour de S. M., du moins de ceux de qui nous pouvons avoir affaire, et comme ils sont traittez en ceste Cour-là, pour nous y conformer à l'occasion. »

LES COUVENTS DE DOLE

A L'ÉPOQUE

DE LA RÉVOLUTION

Avant 1789, un nombre prodigieux de communautés religieuses existait sur le territoire français. Paris, à lui seul, en comptait quarante-deux d'hommes et soixante-huit de femmes. Chacun de ces asiles renfermait une population aussi choisie que nombreuse.

Ce chiffre était comparativement dépassé par celui des établissements de même nature qui couvraient alors le sol de notre ville de Dole. On y comptait cinq monastères d'hommes et six de femmes. Encore les établissements religieux d'enseignement des PP. Jésuites et des FF. de la Doctrine chrétienne ne sont pas compris dans le chiffre des communautés d'hommes ; de même, les religieuses hospitalières de l'Hôtel-Dieu et celles du Bon-Pasteur ou du Refuge ne figurent pas dans le nombre des couvents de femmes.

La Franche-Comté avait vécu pendant longtemps

sous la domination de l'Espagne, pays par excellence des religieux, hommes et femmes, de toutes les couleurs et de toutes les dénominations. Dole, capitale d'une province de cette monarchie, avait vu s'établir successivement et se développer chez elle de nombreux ordres religieux. Louis XIV, après la conquête, en avait respecté l'existence.

Lors du dénombrement prescrit par ce conquérant en 1687, la population des établissements religieux s'élevait à 348 personnes des deux sexes, 157 hommes et 191 femmes (jésuites et hospitalières compris, mais non le clergé séculier qui comptait 47 membres) pour une population totale de 4,912 habitants. En 1790, on ne compte plus que 200 religieux et religieuses, soit 70 hommes et 130 femmes, pour une population globale de 8,947 âmes.

Cette diminution du personnel monastique se produisant en raison inverse de l'accroissement de la population de la ville peut s'expliquer ainsi :

C'est d'abord que dans l'intervalle d'un siècle qui sépare ces deux dernières dates la Franche-Comté, devenue partie intégrante de la puissante nation française, ne se trouvait plus exposée aux convoitises armées de voisins qui se disputaient son territoire sur son sol même. On n'avait plus à s'enfermer dans le cloître pour trouver le silence et le repos. La paix avait assuré à tous la tranquillité qui ne se rencontrait précédemment qu'à l'abri des murs du monastère.

D'autre part, en 1789, les idées religieuses avaient participé elles-mêmes au grand mouvement d'émancipation qui se manifestait partout en France; les couvents avaient laissé porte ouverte à ceux que ne retenait plus dans leur paisible asile une vocation qui avait passé jusque-là pour bien arrêtée.

Enfin, la condition, soit politique, soit sociale sous l'empire de laquelle avaient été prononcés les vœux monastiques, avait subi de profondes modifications : la monarchie absolue, chère aux ordres religieux, était aux abois, la noblesse était réduite à la condition des simples citoyens, le partage égal des biens héréditaires entre tous les enfants de la famille était décrété. Ces événements, qui avaient d'abord jeté le trouble dans les consciences des reclus, avaient ensuite et après réflexion, amené certains d'entre eux à quitter la vie du cloître, même avant la loi du 13 février 1790.

Pour ces différents motifs, les monastères étaient singulièrement dépeuplés déjà, lorsque l'Assemblée constituante, réglant la constitution civile du clergé, rendit, à la date du 13 février 1790, le décret ci-après qui fut sanctionné et promulgué par le roi Louis XVI le 19 du même mois :

ART. 1er. L'Assemblée nationale décrète comme articles constitutionnels que la loi ne reconnaîtra plus les vœux monastiques et solennels des personnes de l'un et de l'autre sexe; déclare en conséquence que les ordres et congrégations de l'un et de l'autre sexe sont et demeureront supprimés en France, sans qu'on puisse à l'avenir en établir d'autres.

ART. 2. Les individus de l'un et de l'autre sexe existants dans les monastères pourront en sortir en faisant leur déclaration à la municipalité du lieu, et il sera incessamment pourvu à leur sort par une pension convenable. Etc.

A la suite et en exécution de ce décret, des lettres patentes du Roi, sous la date du 26 du même mois de février 1790, disposent :

ART. 2. Il sera payé à chaque religieux qui aura fait sa déclaration de vouloir sortir de sa maison, par quartier et d'avance, à compter du jour qui sera incessamment réglé, savoir : aux mendiants, 700 livres jusqu'à cinquante ans ; 800 livres jusqu'à soixante-dix et 1,000 livres après soixante-dix ; et à l'égard des religieux non mendiants, 900 livres jusqu'à cinquante ans ; 1,000 livres jusqu'à soixante-dix et 1,200 livres après soixante-dix.

Enfin, une loi du 14 octobre 1790 obligeait chaque supérieur local à fournir à sa municipalité, avant le 1er novembre, un état contenant le nom, l'âge et la date de profession de tous les religieux qui habitaient la maison.

Il devait y joindre la déclaration de chacun de ces religieux sur le point de savoir s'il voulait ou non continuer la vie commune.

Le dépouillement des états fournis par les supérieurs et supérieures des communautés de Dole nous renseigne sur le personnel et sur la situation spéciale de chaque maison religieuse de notre ville à la date du 29 octobre 1790.

Il nous a paru inutile de citer individuellement le nom de chacun des membres des congrégations, tels qu'ils figurent dans les états ; nous ne donnerons que des chiffres.

Communautés d'hommes

1° *Les Minimes* (de l'ordre de Saint-François de Paule).

Ce couvent existait au faubourg de la Bedugue, dans une vaste maison qui est désignée aujourd'hui encore sous le nom des religieux de cet ordre, bien qu'habitée depuis 1821 par les sœurs de la Retraite.

Au 29 octobre 1790, les Minimes étaient au nombre de onze et avaient pour correcteur (supérieur) le P. Claude Poulard.

Un seul de ces religieux déclara vouloir continuer la vie commune, les dix autres, dont le correcteur, renoncèrent au cloître.

C'est dans ce couvent que, le 6 juillet 1750, fit profession le Père Charles (Philippe), originaire de Champvans, qui, plus tard, fit faire sa première communion à Napoléon Ier, à l'école de Brienne.

2° *Les Capucins.*

L'établissement des Capucins (ou Frères mineurs de Saint-François), situé également au faubourg de la Bedugue, a conservé sa dénomination première. Il est occupé aujourd'hui par la maison de santé du docteur Rouby.

Les religieux de cet ordre étaient, en 1790, au nombre de douze pères profès et de trois frères lais.

Le P. gardien (supérieur) était le P. Léonard Touvet.

Un seul religieux demanda à rentrer dans le monde.

3° *Les Cordeliers.*

La maison des Cordeliers, située rue des Arènes, est occupée aujourd'hui par les tribunaux et par la gendarmerie. L'habitation du prieur était séparée du monastère ; elle appartient aujourd'hui à la famille Cottez.

Le P. gardien était, en 1790, le P. Jean-François Roux, âgé de 71 ans ; il était déjà retiré à Arc.

Le nombre des religieux s'élevait à treize, dont dix déclarèrent renoncer à la vie en commun.

4° *Les Carmes déchaussés.*

Le couvent de cet ordre, sis rue du Vieux-Château et place des Carmes, faisait partie récemment encore de l'Asile départemental des aliénés du Jura.

Le prieur en fonctions en 1790 était le P. Denis-Emmanuel Drugne.

Les religieux étaient au nombre de douze. Aucun de ceux-ci n'est désigné comme ayant déclaré vouloir quitter le cloître.

5° *Les Bénédictins de l'ordre de Cluny.*

Cet ordre avait deux maisons distinctes ; l'une dans l'enceinte de la ville, l'autre à Montroland.

Les bénédictins de Dole dirigeaient le Collège de Saint-Jérôme, dont les bâtiments sont aujourd'hui occupés en partie par les sœurs de la Visitation. Le surplus de l'édifice a disparu à une époque relativement récente, pour le percement de la rue de la Gare.

Le prieur de Dole était, à la date qui nous occupe, Dom Nicolas Royer, âgé de 56 ans.

On comptait à ce moment dix religieux. Un seul d'entre eux demanda à rentrer dans le monde.

Les bénédictins de Montroland étaient établis au sommet de la montagne de Roland. Ils étaient neuf.

Leur prieur était Dom Pierre-Joseph Serron, âgé de 43 ans.

Tous ont déclaré opter pour la vie hors du monastère.

Au village de Jouhe, à quelques centaines de pas au-dessous du prieuré de Montroland, était un autre couvent des disciples de saint Benoît. Ils ajoutaient à ce titre celui distinctif de congrégation de Saint-Vanne. Le prieur était Dom Ignace Guérittot de Courcelles.

Il n'est ici question de ce troisième prieuré que pour mémoire.

Communautés de femmes

1º *Les Carmélites.*

Leur couvent, situé rue Montroland, est encore désigné sous le nom de ces religieuses. Il est occupé actuellement par la Communauté enseignante de Sainte-Ursule.

La Communauté des Dames du Mont-Carmel était dirigée par sœur Marie-Anne Suenne, prieure. Elle comprenait 23 religieuses, dont 4 dites du voile blanc.

Deux seulement ont fait connaître leur intention de quitter le couvent et la vie en commun.

2º *Les Visitandines.*

Le couvent de la Visitation Sainte-Marie était situé rue Dusillet. Ses constructions principales s'élevaient sur l'emplacement de la maison récemment édifiée par M. Poiffaut.

Le nombre de ces religieuses en 1790 était, savoir :

Religieuses de chœur	22
— de second rang	2
— converses	7
Total	31

La supérieure était Marie-Angélique de Camus.

Aucune religieuse n'a fait connaître le désir de rentrer dans le monde.

3° *Les Annonciades.*

Le couvent de l'Annonciade céleste était aussi dans la rue Dusillet, entre celui des Visitandines et la Cour des Comptes (Hôtel de Genève); ses bâtiments, qui existent encore, étaient récemment occupés par une imprimerie, tout au moins pour une faible partie.

Il s'y trouvait, en 1790, vingt religieuses professes et huit converses.

Aucune d'elles n'a déclaré renoncer à la vie commune.

La prieure était sœur Marie-Gabrielle Martenet.

4° *Les Bernardines ou Dames d'Ounans de l'ordre de Cîteaux.*

Le monastère des Dames d'Ounans comprenait les bâtiments qui s'élèvent encore entre la rue qui porte leur nom, la Grande-Rue et la partie inférieure de la rue Saint-Jacques, contre l'hôpital.

En octobre 1790, on y comptait dix-neuf sœurs du chœur et sept converses; au total, vingt-six religieuses.

L'abbesse était Madame Claude-Simone Debiez.

Il n'a pas été fait de déclaration de renonciation à la vie du cloître.

5° *Les Tiercelines.*

Autrement dites : Religieuses du monastère de N.-D. des Anges, du tiers ordre de Saint-François, de l'étroite observance.

Ce couvent, très important par le grand espace qu'il occupait au milieu de la ville, s'ouvrait sur la place des Tiercelines et s'étendait en profondeur jusqu'au point de jonction des rues Grande, des Arènes et de Besançon, et en largeur depuis la rue Boyvin (partie ouest) jusqu'à la rue Landon.

Il était habité, en 1790, par douze religieuses du

chœur	12
Trois converses	3
Trois en subsistance.	3
Total. . . .	18

Aucune n'a manifesté l'intention de quitter le cloître.

La supérieure était sœur Françoise Perrenot.

6° *Les Ursulines.*

Le couvent de cet ordre était établi dans une rue qui portait alors le nom des Ursulines et qui a reçu plus tard celui de la Monnaie. La maison de la Providence en occupe les bâtiments.

En 1790, les religieuses Ursulines n'étaient plus que quatre.

Le Bon-Pasteur.

Les bâtiments de cet établissement s'ouvraient sur

la rue du Refuge, aujourd'hui des Prisons. Ils servent en ce moment de maison d'arrêt. Par sa destination première, c'était une sorte d'hospice dans lequel on enfermait, par mesure de correction, les femmes de mœurs dissolues. La direction de cette maison était confiée à une personne devant n'appartenir à aucun ordre religieux.

Les Hospitalières.

Les religieuses de Sainte-Marthe, qui habitent l'Hôtel-Dieu, prodiguent leurs soins aux malades. Pendant les plus mauvais jours de la Révolution, elles restèrent à leur poste de dévouement, revêtues d'habits laïques.

Les sœurs de Saint-Charles.

Ces religieuses, plus connues sous la dénomination de Sœurs du Bouillon, avaient été appelées à Dole en 1769 pour visiter à domicile les malades pauvres, les incurables, les infirmes, les secourir et soigner.

Les religieuses de ces trois derniers établissements (Bon-Pasteur, Hôtel-Dieu et Saint-Charles), ayant pour mission l'accomplissement d'œuvres de bienfaisance publique, leurs communautés n'entraient pas dans la catégorie des ordres religieux tombant sous l'application de la loi de 1790.

Le tableau suivant présente la récapitulation de ce qui précède.

SEXE	ORDRES		NOMBRE des RELIGIEUX	NOMBRE de ceux ayant renoncé au cloître.
Hommes.		Minimes................	11	10
		Capucins...............	15	1
		Cordeliers.............	13	10
		Carmes................	12	»
		Bénédictins de Dole......	10	1
		Bénédictins de Montroland...	9	9
	Totaux..........		70	31
Femmes.		Carmélites	23	2
		Visitandines	31	»
		Annonciades	28	»
		Bernardines d'Ounans	26	»
		Tiercelines	18	»
		Sainte-Ursule	4	»
	Totaux..........		130	2
Soit.		Hommes	70	31
		Femmes	130	2
	Totaux............		200	33

La fièvre des idées nouvelles de liberté et d'indépendance qui s'était emparée des esprits à la grande époque de 1789, avait traversé les murs des cloîtres. Les innovations troublantes dont l'éclosion était apparue aux moines étonnés comme l'expression d'une utopie dangereuse, presque d'un crime, finirent par être envisagées chaque jour avec moins de sévérité. On en arriva à regarder leur réalisation comme possible. Dans les monastères d'hommes principalement, on s'émut, on s'agita, on osa discuter ; le trouble d'esprit une fois apaisé, on s'habitua, peu à peu et sans effroi, à ne plus considérer comme irrévocables des vœux que jusqu'alors on avait cru éternels.

Un an après la Déclaration des droits de l'homme, la moitié des religieux des monastères d'hommes de Dole répudiaient la vie commune du cloître pour reprendre dans le monde l'exercice de leurs droits de citoyen.

Il n'en fut pas de même dans les couvents de femmes. Celles-ci, habituées à la vie calme et facile qu'elles avaient rencontrée dans l'existence en commun, s'effrayèrent de l'audace de ceux qui, sans autorité, pensaient-elles, pour décider les cas de conscience, osaient leur proposer de quitter la vie de prières du cloître.

Bien loin de vouloir abandonner les asiles de paix où elles avaient trouvé la satisfaction de leurs aspirations religieuses, un apaisement à de profondes douleurs, ou à de grandes infortunes, l'oubli de déceptions, l'exemption de tout souci des choses du siècle, elles éprouvèrent au contraire le besoin de se grouper et de serrer leurs rangs plus étroitement, pour résister à l'invasion d'idées qu'elles considéraient comme criminelles.

Aussi sur les cent trente religieuses des couvents de Dole, deux seulement (et pour des motifs n'ayant peut-être aucun trait à la vie du cloître) demandèrent à quitter la communauté.

On ne pourrait affirmer cependant que le dénombrement d'octobre 1790 représentât exactement, à Dole, la situation du personnel monastique tel qu'il existait au moment précis où éclata la Révolution de 1789. Ainsi que nous l'avons fait remarquer, des mesures révolutionnaires, prises entre ces deux dates, avaient pu déterminer déjà certains religieux de l'un comme de l'autre sexe à se retirer, sans attendre la solution de la question que soulèverait leur situation, question pleine d'incertitudes et de menaces.

A PROPOS DES RUES DE DOLE [1]

J'ai lu dans votre estimable journal, il n'y a pas très longtemps, que le Conseil municipal de notre ville a voté le principe de la prolongation du boulevard de la Liberté (!) à travers l'ancien cimetière.

Rien là que de prévu depuis longtemps ; qu'on attende seulement, pour troubler le repos de nos aïeux, que la génération actuelle ait disparu à son tour et ne puisse être le témoin attristé de la dispersion des cendres de ceux que nous pleurons encore.

Mais je voudrais qu'il me fût permis de dire quelques mots à propos de ce boulevard, qui était appelé, il y a peu, rue Saint-Etienne.

Cette voie, tout extérieure, qui contourne la ville en sa partie nord-ouest mérite bien, en effet, la qualification de « boulevard », mais pourquoi lui avoir imposé ce nom de « Boulevard de la Liberté » ? Est-ce là que la liberté a pris naissance ? Les citoyens

---

[1] Ce qui suit a paru dans le journal de Dole, *l'Avenir du Jura*, numéros des 23 et 30 décembre 1893, 6 et 13 janvier 1894, sous un pseudonyme.

qui l'habitent ont-ils chez nous le monopole de la liberté ? Ou bien la dose de liberté dont ils jouissent est-elle plus forte qu'ailleurs ? Mystère !

Et puis, quelle est la signification de ce mot en tant qu'appliqué à la dénomination d'une voie publique ?

Il y a là, de la part de l'auteur de la proposition qui a prévalu et de la part du Conseil municipal qui l'a votée, une idée sans doute géniale qui dépasse mes moyens. Je me contente d'admirer.

Je voudrais cependant, moi simple, faire une sorte de contre-proposition complémentaire.

La dénomination de boulevard de la Liberté ayant été acceptée et sanctionnée par nos conseillers municipaux, tenons-la pour parfaite ; il en doit être ainsi puisque nous avons élu ceux-ci comme étant les plus dignes parmi les mieux avisés ; ne blessons donc aucune susceptibilité et conservons ce nom, mais à la condition d'en restreindre l'application à la partie de l'ancienne rue Saint-Etienne qui, partant de celle du Château-d'Eau, va toucher à la rue de la Gare. Cette partie présente déjà une longueur raisonnable, et, d'ailleurs, en cet endroit privé de maisons, puisque d'un côté elle ne compte qu'un numéro et trois ou quatre de l'autre, on a la liberté de dire et de faire beaucoup de choses sans porter ombrage à personne et sans blesser des regards indiscrets ou des oreilles pudibondes.

Je voudrais que la continuation de la même voie, depuis la rue de la Gare jusqu'au point de jonction avec la rue du Repos, reçût le nom de « Boulevard de la Fraternité » (et non pas Boulevard des Italiens, comme on l'a dit méchamment), en témoignage de l'affection fraternelle que se portent mutuellement ses habitants, bien que d'origines diverses. Personne n'y contredira.

Enfin le tronçon partant de la rue du Repos pour aboutir à la route de Gray s'appellerait « Boulevard de l'Egalité », à raison de cette circonstance qu'il traverse le cimetière ancien, où reposent côte à côte, soumis à la loi égalitaire par excellence, le riche et le pauvre, le savant et l'ignorant, l'humble et le superbe.

La devise entière de notre République serait ainsi appliquée en ses trois termes et non pas seulement en un seul.

Cette proposition renferme, ce me semble, tout ce qu'il faut pour satisfaire les sentiments démocratiques des auteurs de l'appellation du nouveau boulevard.

Ce nom de rue Saint-Etienne ne me disait rien ; pourquoi, en effet, rue Saint-Etienne plutôt que rue Saint-Pancrace? Il y a bien eu autrefois à Dole une église Saint-Etienne, mais cette voie n'y conduisait pas, puisqu'elle s'élevait, dit un historien, au climat des *Perrons*, sous Plumont.

Si le nom de rue Saint-Etienne était vide de toute signification historique, le nom de boulevard de la Liberté, il faut bien le reconnaître, ne rappelle aucun souvenir, aucune illustration locale, aucun fait important de la vie de notre cité, rien enfin devant s'appliquer à Dole de préférence à Champvans ou à Tavaux, par exemple.

Cependant, reconnaissons, en passant, que saint Etienne s'est montré bon prince envers sa rue. Bien que d'origine relativement récente, elle a vu, en peu d'années, des maisons élégantes et de produit remplacer les champs, les jardins et les masures qui la bordaient naguère.

Au surplus, j'aime autant boulevard de la Liberté que rue Saint-Etienne, ou, pour mieux rendre ma pensée, je n'aime pas plus l'une que l'autre de ces deux dénominations; la cause en est que nous ne sommes pas si pauvres en souvenirs des temps anciens à évoquer, que nous ne puissions trouver un nom moins banal pour nos rues.

Dole a un passé, une histoire glorieuse plus qu'aucune autre ville de la Province. Notre ville a été jusqu'à la conquête par Louis XIV la capitale de la Franche-Comté; elle était le siège du Parlement qui y séjourna pendant plus de trois siècles, jusqu'à l'époque où le conquérant, sans respect des droits acquis et de la parole donnée, le transféra à Besançon en échange de cent mille écus que cette ville offrit et paya. A Dole siégeaient la Chambre et Cour des Comptes de la Province; on y battait monnaie, une Université y fut créée en 1423, qui jeta le plus vif éclat.

Tous ceux qui, dans la Franche-Comté, s'illustrèrent dans la magistrature, dans les armes, dans les lettres, étaient de Dole ou tout au moins avaient passé par l'Université de Dole.

Il faut renoncer à citer les personnages qui, à Dole, ou partis de cette ville, se firent un nom. L'éclat de son Université, la renommée de son Parlement, l'affluence de personnages de marque, les douceurs de l'existence dans un pareil milieu attiraient à Dole, dit un historien, tout ce qui pensait, tout ce qui étudiait.

Dole, en un mot, a une histoire, et tout ce qui tend à rappeler l'époque de la splendeur de notre ville doit tenir au cœur de tout Dolois.

Et cependant, tandis que d'autres villes, plus pauvres que la nôtre à ce point de vue, s'acharnent à la recherche d'un passé sans éclat, nous, les riches en souvenirs mémorables, nous laissons comme à plaisir s'effacer, sans faire aucun effort pour la raviver, la mémoire de notre gloire passée.

Qui sait seulement, dans le peuple, que le Parlement de Franche-Comté siégeait à Dole il y a deux siècles; que Dole avait une Université florissante; qu'une Cour des Comptes y était établie; que tels grands hommes y sont nés, ou s'y sont illustrés?

Voilà ce qu'il faudrait tirer de l'oubli en l'inscrivant sur nos murs à l'entrée de chaque carrefour. Il y a là une mine inépuisable de dénominations pour nos rues.

Au lieu de cela, qu'a-t-on fait, et que fait-on encore? On a laissé disparaître peu à peu les édifices qui abritaient ces grandes assemblées, ou bien qui étaient habités par ces illustrations; des constructions modernes plus appropriées aux besoins des temps actuels les ont remplacés, sans qu'on ait songé à en rappeler au préalable la destination antérieure.

C'était bien le moment, à chacune de ces transformations, d'attribuer à une rue voisine le nom de l'établissement qui disparaissait ou qui se transformait. Il n'en fut rien; on continua à donner à nos grandes voies des noms banaux et vulgaires, sans autre motif que celui tiré d'une habitude irréfléchie.

Pendant ce temps, les souvenirs se sont effacés ou s'effacent, l'oubli se fait et le temps poursuit son œuvre.

Il me souvient qu'au moment où disparaissaient, pour faire place au marché couvert d'aujourd'hui, les derniers vestiges du trop modeste édifice dans lequel siégeait le Parlement de Franche-Comté, un conseiller municipal d'alors proposa à ses collègues de donner le nom de *Place du Parlement* à la place voisine que, à défaut de dénomination historique,

on avait successivement et selon les temps appelée :
Place Royale, place de la Liberté, place Impériale,
place Nationale, place du Marché, grande Place, etc.
La motion de ce conseiller fut prise en considération,
puis adoptée définitivement par délibération du 10 décembre 1880 ; mais la municipalité, de qui n'émanait
pas l'initiative de la proposition, ne fit aucune démarche pour en procurer l'exécution.

Plus tard, le même conseiller proposa de donner
à la rue des Tanneurs le nom de Louis Pasteur, qui
est né dans une maison de cette rue. Sur la demande qui lui en fut faite par la même municipalité,
ce conseiller fit abandon en faveur de celle-ci de la
paternité de sa proposition. Le conseil la vota.

Le conseiller, qui ne demandait pas autre chose,
se déclara satisfait.

Rien ne s'oppose, à cette heure, à ce qu'on exhume la délibération du 10 décembre 1880, relative
à la place du Parlement ; à ce qu'on la renouvelle
au besoin et surtout à ce qu'on la fasse exécuter ; ce
serait un acte de réparation envers la grande assemblée dont l'existence n'est même plus attestée matériellement par des ruines de l'édifice.

Rien ne rappelle ostensiblement l'Université brillante qui attirait à Dole l'élite des étudiants et des
penseurs de la Province et d'au delà, cette Université qui, autour des Chifflet, des Saint-Mauris, des
Marenche, des Vurry, voyait accourir la jeunesse stu-

dieuse des deux Bourgognes. Elle avait pour siège les bâtiments situés rue des Arènes, en face de la rue Saint-Jacques, qui sont devenus la propriété de M. Huot, avocat, et par extension, de M. Poux.

Le nom de la rue des Arènes est inviolable, puisqu'il rappelle l'époque la plus reculée de notre histoire; nous ne proposons donc pas de le supprimer pour lui substituer celui de rue de l'Université ; mais il serait possible néanmoins de donner cette dernière dénomination soit à la rue Montroland, à l'extrémité inférieure de laquelle s'élevait l'hôtel de l'Université, soit à la partie de la rue des Arènes qui s'appelait, il y a peu d'années encore, rue Cordière. Cette partie relativement récente de la rue des Arènes s'étendait du carrefour de la Grande-Rue jusqu'à la rue Montroland, c'est à dire qu'elle aboutissait à l'Université.

Et pourquoi pas ? Les personnes d'un certain âge donnent encore à ce tronçon le nom de rue Cordière. Quant à la rue Montroland, son nom n'a pas d'autre signification que d'indiquer qu'elle se dirige vers la montagne du légendaire Roland. Cette dénomination, fort ancienne au surplus, lui a été imposée à une époque où Dole n'avait pas encore d'histoire.

La Cour des Comptes tenait ses séances en son hôtel de la rue qui porte actuellement le nom de Dusillet. L'emplacement en était à l'angle de la place qui est occupé aujourd'hui, pour partie, par l'hôtel de Genève.

Si le nom de Dusillet rappelle, pour quelques-uns, un poète érudit et délicat, un descendant de vaillants capitaines ; pour d'autres, moins épris de la richesse des rimes que pressés par les nécessités de l'existence, il évoque le souvenir d'un administrateur dont l'impéritie coûta à la ville la perte irréparable du droit d'affouage de ses habitants dans la forêt de Chaux. Si l'on songe au nombre prodigieux d'hectares de forêt, sol et superficie, que représenterait aujourd'hui le droit négligemment perdu, on est tenté d'approuver ceux qui voudraient voir le nom de cet administrateur effacé du rang des souvenirs à conserver. Un membre d'un précédent conseil municipal a fait très sérieusement la proposition de cette radiation, sans soulever aucunement l'indignation de ses collègues. Qu'on veuille bien se rappeler que ce nom a été donné à cette rue du vivant de M. Dusillet (qui avait des partisans assez nombreux dans son Conseil municipal) en échange du nom ridiculement grotesque de Fripapa, qu'elle portait précédemment. On pourrait donc sans inconvénient donner à cette rue le nom de rue de la Cour des Comptes.

M. Marquiset, et, après lui, M. Puffeney, dans leurs ouvrages, ont émis le vœu que la rue de la Croix, dans laquelle il n'y a pas ou plus de croix, prenne le nom d'Antoine Brun, le négociateur habile qui l'habitait et dont l'hôtel appartient actuellement à M. Goulut. On ne peut que s'associer à ce vœu et en souhaiter la réalisation prochaine.

Bien d'autres noms de personnes célèbres à des titres divers mériteraient d'être mis en évidence, et parmi eux Jacques de Molay, le dernier grand-maître des Templiers, de cet ordre dont les richesses et la puissance excitèrent l'envie de Philippe-le-Bel. Jacques de Molay était originaire de la maison de Longwy, qui procédait elle-même de celle des de Vienne. Que Dole fût ou non son berceau, il n'en est pas moins l'un des plus illustres enfants de la Province, et à ce titre nous lui devons un souvenir.

On a donné son nom, il est vrai, à une de nos rues, mais cette rue infime et infecte est bordée de tout un côté par le mur de la prison et de l'autre par des écuries ; ne pourrait-on reporter sur une rue plus décente ce nom universellement célèbre ?

La Grande-Rue semble désignée à cet effet, d'autant plus, nous dit un historien, qu'il y existait un hôtel remarquable appartenant à l'ordre du Temple, et qui est devenu, en ces derniers temps, la propriété de la famille Cuisenier-Hoffert. Jacques de Molay a dû y résider à plusieurs reprises lors de ses voyages à travers la Franche-Comté. Cette province, d'ailleurs, possédait plusieurs maisons de son ordre.

Et puis, Grande-Rue ! qu'est-ce que cela veut dire ? Qu'est-ce que cela rappelle ? Quelle est son origine ? Notez qu'elle n'est pas la plus longue ni la plus belle de Dole. Le moindre village a sa Grande-Rue. Chaumergy en possède une. Dole en était-il donc jaloux ?

Barberousse avait fait de Dole son séjour de prédilection ; il en fit un lieu de plaisirs et de fêtes. Son palais, qui s'élevait sur l'emplacement de notre caserne ancienne, était devenu le rendez-vous de tous ceux qui, dans les deux Bourgognes, aimaient le faste, les jeux, les tournois, etc. Notre ville était alors Dole-la-Joyeuse.

Il serait bon de rappeler cette brillante époque et de donner le nom de ce prince à une rue, la rue Besançon, par exemple.

Ce nom de rue Besançon ne veut rien dire, sinon qu'elle est le point de départ de la route qui conduit à Besançon. Est-ce bien là une origine suffisante ? Devons-nous, par cette appellation, continuer à donner un témoignage inconsidéré de bienveillant voisinage, presque de vasselage, à une ville qui nous a toujours jalousés ; qui, par d'artificieuses menées, a obtenu de Louis XIV, aussitôt après la conquête et à prix d'argent, d'être le siège du Parlement et de l'Université, à une époque où la paix, devenue définitive, allait permettre à Dole de se relever des assauts répétés que sa qualité de capitale lui avait attirés ?

Je m'arrête. Je n'ai fait, dans ce qui précède, qu'ébaucher une idée et ouvrir la voie à une réforme locale toute pacifique, appuyée sur les données de notre histoire. Je n'ai fait qu'effleurer le sujet ; il reste encore beaucoup de bonnes propositions à faire.

Pour rappeler le passé, nous avons déjà les rues : des Arènes, des Romains, du Vieux-Château, des Templiers, d'Enfer, de Vienne, de l'Ancien-Gouvernement, Boyvin, de la Monnaie, Carondelet, Granvelle, Arney, Attiret, Malet, Bernard, Bouvier, Pasteur et place Grévy ; continuons résolument l'œuvre de réparation et de lutte contre l'oubli.

Notre administration municipale serait bien avisée si elle confiait à une commission le soin de mener à bonne fin cette œuvre de patriotisme dolois. Il ne lui serait pas difficile de trouver soit parmi ses membres, soit en dehors d'elle, des hommes soucieux de rendre à nos souvenirs historiques cet hommage posthume.

TABLE

		Pages.
1.	Besançon et le Parlement de Dole	1
2.	Les Canons de Besançon (1636)	29
3.	Les couvents de Dole à l'époque de la Révolution.	49
4.	A propos des rues de Dole	63

www.ingramcontent.com/pod-product-compliance
Lightning Source LLC
LaVergne TN
LVHW020946090426
835512LV00009B/1734